LES LIEUX HANTÉS!

LES NAVIRES ET LES PHARES HANTÉS

Un livre de la collection Les branches de Crabtree

THOMAS KINGSLEY TROUPE

Crabtree Publishing
crabtreebooks.com

Soutien de l'école à la maison pour les parents, les gardiens et les enseignants

Ce livre très intéressant est conçu pour motiver les élèves en difficulté d'apprentissage grâce à des sujets captivants, tout en améliorant leur fluidité, leur vocabulaire et leur intérêt pour la lecture. Voici quelques questions et activités pour aider le lecteur ou la lectrice à développer ses capacités de compréhension.

Avant la lecture

- *De quoi ce livre parle-t-il?*
- *Qu'est-ce que je sais sur ce sujet?*
- *Qu'est-ce que je veux apprendre sur ce sujet?*
- *Pourquoi je lis ce livre?*

Pendant la lecture

- *Je me demande pourquoi...*
- *Je suis curieux de savoir...*
- *En quoi est-ce semblable à quelque chose que je sais déjà?*
- *Qu'est-ce que j'ai appris jusqu'à présent?*

Après la lecture

- *Qu'est-ce que l'auteur veut m'apprendre?*
- *Nomme quelques détails.*
- *Comment les photographies et les légendes m'aident-elles à mieux comprendre?*
- *Lis le livre à nouveau et cherche les mots de vocabulaire.*
- *Ai-je d'autres questions?*

Activités complémentaires

- *Quelle est ta section préférée de ce livre? Rédige un paragraphe à ce sujet.*
- *Fais un dessin représentant l'information que tu as préférée dans ce livre.*

TABLE DES MATIÈRES

DES MERS SINISTRES

Tu es sur le pont principal du vieux navire, maintenant amarré pour toujours près du phare abandonné. Le vent hurle dans le port, portant une voix étrange. Des glaçons parcourent ta colonne vertébrale, car tu croyais être seul. Une lumière vacille dans la petite fenêtre du phare. Des fantômes s'accrochent-ils à ce navire et à ce phare?

Pratiquement tous les lieux dans le monde peuvent être hantés. Les navires et les phares sont des lieux où des hommes et des femmes de la mer passaient des années de leur vie. Il semble que certains ne soient pas prêts à partir... même après la mort.

Attrape ta lampe de poche et prends une grande inspiration. Tu es sur le point de découvrir pourquoi ces navires et ces phares figurent parmi... LES LIEUX HANTÉS.

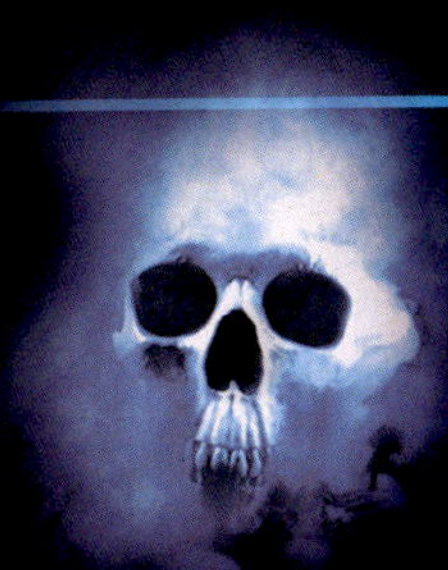

FAIT EFFRAYANT

Il y a plus de 22 900 phares dans le monde.

LE SS OURANG MEDAN EN INDONÉSIE

Le *SS Ourang Medan* était un navire de charge de l'Indonésie. Vers la fin des années 1940, il a émis un signal de détresse alors qu'il était en mer. Le message disait que tout le monde sur le navire était probablement mort. Un autre message disait simplement « je meurs ».

Des bateaux de sauvetage ont trouvé le navire en mer sans personne à la barre. Tout le monde à bord était bien mort, le visage figé dans la terreur.

Personne n'a trouvé d'explication pour ce qu'il s'est passé sur le *Ourang Medan*. Certains croient que des forces **paranormales** ont tué la totalité de l'équipage. Les bateaux de sauvetage ont tenté de ramener le navire de charge vers la terre, mais un incendie a éclaté sous le pont. Dès qu'ils ont coupé les câbles de remorquage, le *Ourang Medan* a explosé et coulé au fond de l'océan. Personne ne sait comment les membres d'équipage sont morts ni ce qui a causé l'explosion.

LE U-BOAT 65 EN ALLEMAGNE

Pendant la Première Guerre mondiale, l'Allemagne construisait des sous-marins U-Boat pour l'aider lors des combats. Le U-Boat 65 a eu une histoire tragique dès le départ. Plusieurs ouvriers sont morts pendant sa construction. Un officier militaire a été tué quand une torpille a explosé en mer.

Presque tous les membres de l'équipage ont vu le fantôme de l'officier. Le fantôme marcherait sur la passerelle d'embarquement, regarderait au large, puis disparaîtrait.

FAIT EFFRAYANT

En 1918, le U-Boat 65 a été aperçu par un sous-marin américain quelque mois avant la fin de la guerre. Avant que le sous-marin ait pu tirer sur l'ennemi, le U-Boat a explosé de lui-même.

LE BELLE OF LOUISVILLE AU KENTUCKY

Le Belle of Louisville est un navire à vapeur construit en 1914. Il a servi de traversier, de navire de livraison du courrier et de navire d'**excursion**. Le navire est considéré comme un lieu historique national.

Peu après la Seconde Guerre mondiale, le capitaine Ben Withers a subi une crise cardiaque et est décédé à bord du Belle. Son fantôme hante encore le navire et plusieurs ont vu son image apparaître.

LE QUEEN MARY DE LONG BEACH EN CALIFORNIE

Le *Queen Mary* est un navire de ligne construit dans les années 1930. Il était considéré comme l'un des plus grands navires sur l'eau. Il a transporté des célébrités d'Hollywood, des membres de la royauté et des **dignitaires**.

Il a été amarré pour la dernière fois comme navire à passagers en septembre 1939. Il a par la suite été utilisé pour transporter des soldats pendant la Seconde Guerre mondiale. Pendant la guerre, le *Queen Mary* a percuté un navire d'escorte, qui a coulé.

FAIT EFFRAYANT

Le *Queen Mary* a été repeint en gris pour servir de navire de transport de troupes pendant la Seconde Guerre mondiale. Son surnom pendant cette période était « le fantôme gris ».

Comme les navires les plus hantés, le *Queen Mary* a connu son lot de tragédies. Pendant qu'il était utilisé comme navire de ligne, 49 personnes sont mortes. Certains considèrent le navire comme l'un des lieux les plus hantés aux États-Unis.

Des enquêteurs prétendent avoir senti la présence d'un pompier qui a été écrasé mortellement par une porte étanche. D'autres croient que la piscine est hantée par une jeune fille qui s'y est noyée.

Le *Queen Mary* ne vogue plus sur les océans. Il est amarré de façon permanente et a été transformé en hôtel. La **chambre d'officier** B430 est considérée comme la pièce la plus hantée du navire. Les robinets s'ouvrent tout seuls, les portes se ferment comme par magie, les draps sont tirés pendant que les gens dorment et une silhouette sombre apparaît au pied du lit. Oserais-tu y passer une nuit?

LE PHARE DE POINT OF AYR À TALACRE AU PAYS DE GALLES

Le phare de Point of Ayr à Talacre se dresse près de la côte du pays de Galles. Construit en 1776, il a été utilisé pour guider les navires qui entrent dans le fleuve Dee. Il a été abandonné dans les années 1840, mais apparemment pas complètement.

La nuit, le fantôme d'un homme habillé de vêtement d'une autre époque apparaît parfois. Il a été aperçu en haut du phare, regardant vers la mer.

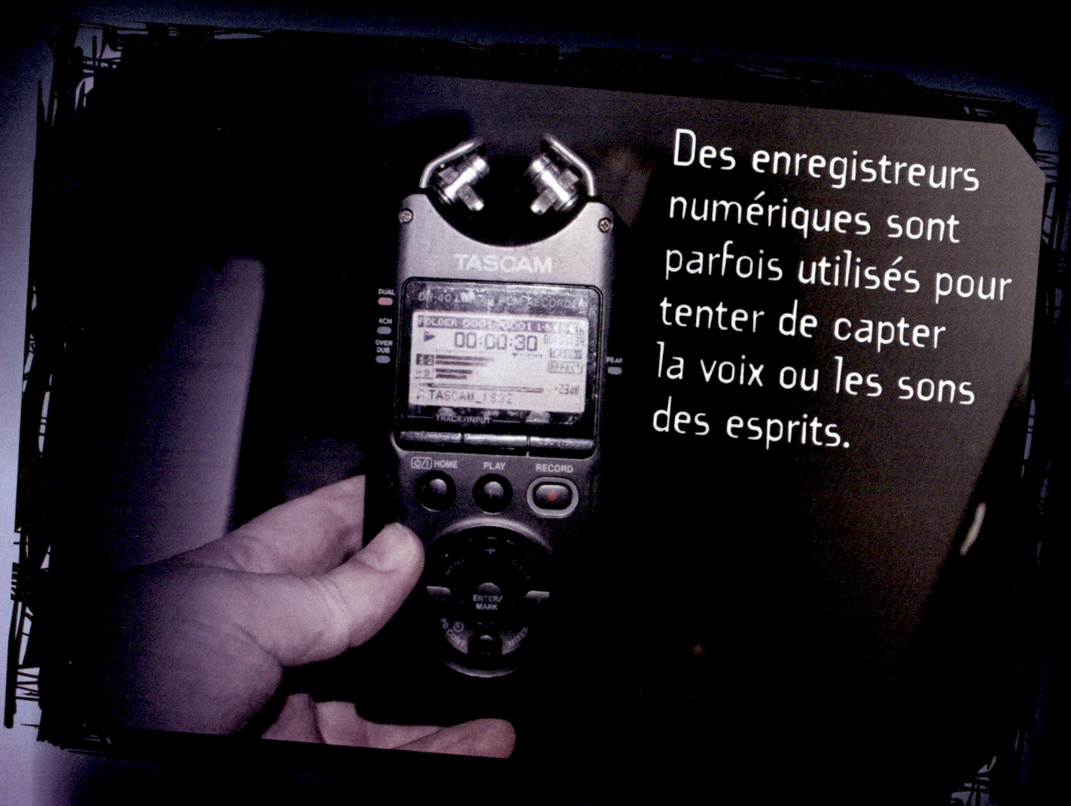

Des enregistreurs numériques sont parfois utilisés pour tenter de capter la voix ou les sons des esprits.

FAIT EFFRAYANT

Les enquêteurs du paranormal ont établi un contact avec un esprit nommé Raymond. Raymond était un gardien du phare qui y est décédé à la suite d'une fièvre.

LE PHARE DE POINT LOOKOUT AU MARYLAND

Le phare de Point Lookout se dresse à la pointe sud du comté de St. Mary au Maryland. Il a été construit en 1830 pour guider les navires le long du fleuve Potomac et dans la baie de Chesapeake.

Pendant la guerre de Sécession, un camp de prisonniers de guerre a été construit juste au nord du phare. Environ 4 000 hommes y sont morts et inhumés. Les tombes ont été déplacées plus tard. Les prisonnières étaient emprisonnées et torturées dans le phare.

Le phare n'est plus fonctionnel, mais il est toujours actif. L'esprit d'une femme portant une **blouse** et une longue robe bleue apparaît en haut des escaliers. Certains croient qu'il s'agit de Pamelia Edwards, qui était la gardienne du phare pendant la guerre de Sécession.

Les portes s'ouvrent et se ferment toutes seules. Des gens ont entendu des ronflements et des voix chuchoter depuis l'au-delà.

Une chambre de l'étage supérieur avait une odeur de pourriture et on ne pouvait rien faire pour s'en débarrasser. Des **parapsychologues** ont mené une enquête et déterminé que la puanteur provenait de la douleur et de la souffrance des anciens prisonniers. Peu de temps après cette déclaration, l'odeur a disparu.

LE PHARE DE SOUTER EN ANGLETERRE

Le phare de Souter rayé blanc et rouge se trouve à Marsden, un village en Angleterre. Construit en 1871, il a été le premier à utiliser l'électricité pour alimenter sa lumière vive. Le phare a été **mis hors service** en 1988, mais reste ouvert pour des visites.

Le personnel du phare a vu des cuillères flotter, découvert des endroits froids et senti quelque chose les agripper. La plupart des phénomènes paranormaux surviennent dans la cuisine et dans les pièces d'habitation.

FAIT EFFRAYANT

Un grand homme fantomatique a été aperçu dans un couloir, portant un uniforme de gardien de phare. Quand il a disparu, une odeur de tabac est restée.

Le phare de Point Sur en Californie

Le phare de Point Sur en Californie veille sur la magnifique ligne de côte de l'océan Pacifique. Il a été construit en 1889 et était l'un des phares les plus **éloignés** du pays. Le médecin le plus près était à quatre heures de route et le chemin de comté le plus près était un trajet de plusieurs miles.

Des familles vivaient dans le phare et le faisaient fonctionner jusqu'à ce qu'il soit **automatisé** en 1972.

On croit que les familles qui ont vécu dans le phare hantent aujourd'hui le site. Les guides touristiques parlent souvent aux fantômes, leur demandant la permission d'entrer dans le phare. Certains guides ont capté des voix sur leur enregistreur.

Des gens ont aperçu des fantômes sur la propriété. L'un était le fantôme d'un homme se tenant à l'extérieur en regardant par la fenêtre du salon.

Rien de mauvais n'est survenu au phare de Point Sur. On croit que les esprits des épaves des environs sont parmi les fantômes qui habitent le site. Un grand homme en vêtements bleus a été vu régulièrement autour du phare. Pourrait-il être un marin appartenant à l'un des navires échoués?

CONCLUSION

Les fantômes hantent-ils vraiment ces navires et ces phares? Ce qu'une personne voit, une autre peut l'expliquer.

C'est à toi de te faire ta propre idée. Si tu entends ou vois quelque chose d'effrayant, décris le phénomène par écrit ou prend une image. La preuve que tu découvriras pourrait nous aider à comprendre... LES LIEUX HANTÉS.

GLOSSAIRE

automatisé (o-to-ma-ti-zé) : Un système qui fonctionne tout seul, sans l'aide d'un humain

blouse (blouz) : Un type de vêtement ample habituellement porté par les femmes

chambre d'officier (chan-br do-fi-ssié) : Une pièce privée sur un navire ou dans un train

dignitaires (di-gni-tèr) : Gens importants de rang élevé

éloignés (é-loi-gné) : Très loin, à grande distance

excursion (ek-skur-ssion) : Un court voyage pour le plaisir

mis hors service (mi or ssèr-viss) : Dont on a cessé l'utilisation

paranormales (pa-ra-nor-mal) : Des évènements étranges qui sont au-delà de la compréhension normale

parapsychologues (pa-ra-pssi-ko-log) : Gens qui étudient les événements paranormaux et l'inexplicable

INDEX

SITES WEB À CONSULTER

https://kids.kiddle.co/Ghost

www.hauntedrooms.co.uk/ghost-stories-kids-scary-childrens

www.ghostsandgravestones.com/how-to-ghost-hunt

À PROPOS DE L'AUTEUR

Thomas Kingsley Troupe

Thomas Kingsley Troupe est l'auteur d'une foule de livres pour enfants. Il a écrit au sujet des fantômes, du Sasquatch, des loups-garous et même un livre sur la saleté. Quand il ne s'affaire pas à écrire ou à lire, il enquête sur des phénomènes paranormaux avec la Twin Cities Paranormal Society. Il habite à Woodbury au Minnesota avec ses deux fils.

Les images et les photos présentant des « fantômes » dans ce livre sont des représentations artistiques. L'éditeur ne prétend pas qu'il s'agit d'images et de photos réelles des fantômes mentionnés dans ce livre.

Crabtree Publishing

crabtreebooks.com 800-387-7650

Au Canada : Nous reconnaissons l'appui financier du gouvernement du Canada par l'entremise du Fonds du livre du Canada pour nos activités de publication.

Catalogage avant publication de Bibliothèque et Archives Canada

Titre: Les navires et les phares hantés / Thomas Kingsley Troupe.
Autres titres: Haunted ships and lighthouses. Français.
Noms: Troupe, Thomas Kingsley, auteur.
Description: Mention de collection: Les lieux hantés! | Les branches de Crabtree | Traduction de : Haunted ships and lighthouses. | Traduction : Annie Evearts. | Comprend un index.
Identifiants: Canadiana (livre imprimé) 20210358866 | Canadiana (livre numérique) 20210358920 | ISBN 9781039603745 (couverture souple) | ISBN 9781039603806 (HTML) | ISBN 9781039603868 (EPUB)
Vedettes-matière: RVM: Navires—Ouvrages pour la jeunesse. | RVM: Phares hantés—Ouvrages pour la jeunesse. | RVM: Lieux hantés—Ouvrages pour la jeunesse. | RVM: Fantômes—Ouvrages pour la jeunesse. | RVMGF: Documents pour la jeunesse.
Classification: LCC BF1486 .T7614 2022 | CDD j133.1/22—dc23

Publié au Canada
Crabtree Publishing
616 Welland Ave.
St. Catharines, Ontario
L2M 5V6

Publié aux États-Unis
Crabtree Publishing
347 Fifth Avenue
Suite 1402-145
New York, NY, 10016

Paperback 978-1-0396-0374-5
Ebook (pdf) 978-1-0396-0380-6
Epub 978-1-0396-0386-8
Read-along 978-1-0398-0500-2
Audio book 978-1-0396-6779-2

Imprimé au Canada/062023/CP20230609

Production : Blue Door Education pour Crabtree Publishing
Auteur : Thomas Kingsley Troupe
Conception : Jennifer Dydyk
Révision : Kelli Hicks
Correctrice : Crystal Sikkens
Traduction : Annie Evearts

Couverture : phare et capitaine © lassedesignen, pont de navire © Tanya Sid, crâne sur la couverture et dans le livre © Fer Gregory, p. 4-5 (bordure effrayante et dans le livre) © Dmitry Natashin, p. 4 © Rush Photography Calgary, p. 5 © Shi Yali, p. 6 (carte) © Intrepix, (navire) © Chris Iseli, p. 7 © Joe Prachatree, p. 9 (sous-marin) © Massimo Vernicesole, (officier) © Kozlik, p. 10 © Thomas Kelley, p. 12 © Référence éditoriale : Philip Pilosian / Shutterstock.com, p. 15 © DarkBird, p. 16 © hristian-RogersPhotograph, p. 17 © Juiced Up Media, p. 18-19 © Rhys Felsher, p. 20 © AlessandraRC, p. 21 g Daniel M. Silva, p. 22 © JPMedia Productions, p. 23 © Anthony McLaughlin, p. 24-25 © Rodrigo Sa Barreto, p. 25 (photo en médaillon) © Lynn Yeh, p. 26 © travelview, p. 27 © Grindi, p. 28 © ArtMediaWorx, p. 29 © Ashley EM. Toutes les images proviennent de Shutterstock.com sauf p. 11 courtoisie des U.S. National Archives, p. 13 courtoisie de la U.S. Navy, p. 14 © David Krieger https://creativecommons.org/licenses/by/2.0/deed.e.